DE L'UNITÉ

DE

COMPOSITION GRAMMATICALE

ET SYNTACTIQUE,

DANS LES DIFFÉRENTES FAMILLES DE LANGUES,

PAR M. BERGMANN,

DOYEN DE LA FACULTÉ DES LETTRES DE STRASBOURG.

Les lois qui ont présidé à la formation de la langue chinoise et des idiomes américains diffèrent-elles essentiellement de celles qu'on remarque dans l'organisation primitive des langues japhétiques et sémitiques? Cette question peut être ramenée à cette autre plus générale : Y a-t-il unité de composition dans toutes les langues du globe? Ainsi formulée, cette question correspond à celle qu'on a posée, en zoologie, concernant l'unité de composition organique dans le règne animal, ou concernant le dessin primitif et général d'après lequel tout semble avoir été conçu. Deux grands naturalistes de nos jours se sont divisés sur cette question philosophique : Georges Cuvier y a répondu négativement, tandis que Geoffroy Saint-Hilaire, à l'exemple de Buffon, a soutenu l'affirmative dans ses Principes de philosophie zoologique.

Pour résoudre le problème posé, commençons par établir que les différentes races de l'espèce humaine proviennent d'une seule et même souche.

L'homme étant né après les autres êtres inorganiques et organisés, l'histoire de son origine fait suite à l'histoire de la formation des autres créatures, et, par conséquent, sa naissance était soumise aux conditions et aux lois qui présidaient à l'ensemble de la création. Or, en examinant les différentes périodes de la formation de notre globe, et les créatures qui correspondent à ces différentes époques, nous remarquerons que, plus les périodes avancent, et par conséquent plus les êtres formés dans ces périodes ont une organisation plus compliquée ou, comme l'on dit, plus parfaite, plus aussi ces êtres sont localisés, c'est-à-dire que les localités où ils naissent sont plus circonscrites. C'est ainsi, par exemple, que certains minéraux dont la formation remonte aux premiers âges de la terre se trouvent assez uniformément répandus dans l'intérieur et à la surface du globe, tandis que certaines couches de terrains des périodes subséquentes, et, par suite, les plantes qui naissaient dans ces terrains, sont déjà plus localisées. Les différentes espèces d'animaux le sont encore davantage; de sorte que, plus les espèces de chaque règne ont une organisation compliquée, plus aussi leur lieu de naissance ou leur berceau primitif est restreint ou limité. Cette loi générale peut encore être formulée de la manière suivante : plus les espèces de la création sont capables de locomotion, ou plus elles ont la faculté de se répandre sur la surface terrestre, plus le lieu primitif de leur naissance est borné ou restreint à une certaine localité. D'après cette loi, l'homme, le dernier venu de la création terrestre, celui de tous les êtres organisés qui possède l'organisation la plus compliquée, qui naquit lorsque les différences géologiques et climatériques s'étaient déjà établies sur la terre, l'homme, pour pouvoir naître, ne trouva réunies que sur un seul point du globe toutes les conditions nombreuses nécessaires à sa naissance et à sa première existence; et ce point du globe est devenu le berceau de la souche primitive d'où est issu le genre humain, qui s'est ensuite répandu, par voie de génération et de locomotion, sur toutes les parties de la surface terrestre. Les différentes races humaines proviennent donc d'une seule et même souche.

Mais cette souche primitive consistait-elle seulement en une paire, ou bien comprenait-elle un plus grand nombre d'individus? Probablement la souche primitive se composait de plusieurs individus, puisque les conditions favorables existaient tout aussi bien pour la naissance de plusieurs sujets que pour celle d'une seule paire, et que, d'ailleurs, ces individus primitifs, bien qu'ils fussent naturellement en assez petit nombre, devaient cependant être suffisamment nombreux pour ne pas faire craindre, dès l'origine, l'extinction de l'espèce humaine, qui était décimée sans cesse par les éléments destructeurs ou par d'autres accidents de la vie, si fréquents dans l'état sauvage.

Les individus de la souche primitive étaient parfaitement développés quant au physique, mais ils ne l'étaient pas également sous le rapport de l'intelligence. Semblables à de grands enfants, ils étaient placés au degré le plus bas du développement intellectuel. Aussi, n'ayant qu'un très-petit nombre de notions vagues, n'avaient-ils également, pour les exprimer, qu'un très-petit nombre de termes imparfaits, qui constituaient un langage d'enfant, mais non encore ce que nous appelons une langue formée. Ce ne fut qu'après sa première dissémination sur la surface terrestre que l'espèce humaine, établie dans des contrées très-diverses, et placée ainsi sous les influences variées de la nature extérieure se trouva enfin dans les circonstances favorables au développement de son intelligence, et, par suite, à la formation complète de son langage. C'est alors seulement que se sont formées les différentes langues chez les différentes races ; et ces langues, nous sommes en droit de les appeler *langues primitives*, puisqu'elles ne dérivaient d'aucune langue antérieure déjà toute formée.

Ces langues primitives, ne provenant pas d'une seule et même langue mère, mais s'étant formées dans des contrées très-éloignées les unes des autres, et chez des hommes différant entre eux par leur tournure d'esprit, loin d'être identiques les unes aux autres, ont dû présenter entre elles de grandes différences originelles. Il est donc impossible de ramener les langues mères à l'identité lexicologique et grammaticale ou d'en démontrer l'unité de formation. Mais, de même que dans les différentes espèces du règne animal on remarque un type ou dessin général, qui, diversement modifié, se montre dans beaucoup de détails, et établit, malgré de grandes différences, de nombreuses analogies entre ces espèces, de même on remarque aussi, dans les différentes familles de langues, un ensemble de lois organiques dont les détails se reproduisent plus ou moins nombreux dans chacune d'elles, et leur donnent, malgré les différences originelles qui les séparent, une certaine unité de composition grammaticale et syntactique. Pour les langues, comme pour les êtres organisés, il y a deux espèces de ressemblances possibles. Par la première, que j'appellerai *généalogique,* une langue aura des ressemblances avec une autre, soit parce que l'une est dérivée de l'autre, soit parce que l'une et l'autre proviennent de la même souche. Cette ressemblance généalogique ne saurait exister entre les langues mères ayant chacune une origine distincte. Mais il y a une autre espèce de ressemblance que j'appellerai *analogie de genre,* et qui est indépendante de toute influence généalogique; elle provient de la nature plus ou moins analogue des objets qui appartiennent au même genre. C'est ainsi, par exemple, qu'une langue de l'Amérique peut ressembler en plusieurs points à une langue africaine, avec laquelle cependant elle ne s'est trouvée en aucun rapport généalogique ni historique; elle lui ressemble uniquement par suite de l'analogie naturelle qui existe entre les lois qui ont présidé à la formation des langues en général. C'est dans ce sens que nous affirmons l'unité de composition grammaticale et syntactique dans les différentes familles de langues. Bien que la langue chinoise et les langues américaines diffèrent originairement des idiomes japhétiques et sémitiques, il résulte cependant, des analogies que présentent les unes et les autres, une certaine unité de composition que nous allons faire ressortir par des exemples pris dans le *kou-wen* ou style antique des Chinois, dans le *nahuatl* ou langue mexicaine, et dans le *quichua* ou idiome péruvien.

Pour ne pas trop étendre les limites de ce mémoire, nous ne discuterons que les principaux phénomènes qui, dans ces langues, semblent avoir un caractère exceptionnel, et contredire le principe de l'unité de formation, que nous tenons à constater.

Parlons d'abord des thèmes ou de la matière première des mots, laquelle, différemment envisagée sous le rapport logique, et différemment façonnée sous le rapport grammatical, a produit ce qu'on appelle communément les parties du discours. Dans les langues américaines, de même que dans les langues japhétiques

et sémitiques, il y a quelques thèmes monosyllabiques, c'est-à-dire
composés d'une seule consonne dont la signification exprime l'idée
simple que ce thème doit exprimer. Mais la plupart des thèmes, dans
ces familles de langues, sont de deux syllabes ou se composent de
deux consonnes, dont chacune constitue un élément de la signification plus compréhensive de ces thèmes. Dans les langues sémitiques les éléments primitifs ou les thèmes se composent même,
pour la plupart, de trois syllabes; ce qui prouve que ces langues
ajoutent aux thèmes bissyllabiques une troisième consonne desti-
née à déterminer davantage, par sa signification, le sens trop vague
des thèmes composés de deux consonnes[1]. Mais, dans la langue chinoise, les mots se présentent tous sous la forme monosyllabique,
bien que plusieurs expriment, non pas seulement des idées simples,
mais aussi des idées plus composées ou plus compréhensives. Ce
monosyllabisme ou bien a été propre à la langue chinoise dès les
temps primitifs, ou bien il s'est formé dans la suite par l'abréviation
des thèmes bissyllabiques. Si l'on admettait que le monosyllabisme
eût été le caractère propre au *kou-wen* dès l'origine, il faudrait
supposer, ce qui n'est guère probable, que, dans cet idiome, la
formation harmonique et parallèle de la signification ou de l'idée,
d'un côté, et de l'expression de cette signification par les consonnes,
de l'autre, ou n'ait pas eu lieu, ou ait été tout à coup interrompue,
de sorte que le mot monosyllabe, arrêté au premier degré de sa
formation phonique, fût devenu, non une expression explicite de
l'idée moyennant ses éléments, mais un signe symbolique servant
à indiquer, non-seulement l'idée simple, dont ce monosyllabe était
l'expression naturelle, mais aussi la signification plus composée ou
les significations dérivées, pour lesquelles, si le développement
phonique eût été complet, la langue eût créé un mot composé de
plus d'une syllabe. Ce qui est plus probable que cette supposition,
c'est que beaucoup de mots, originairement bissyllabiques, sont
devenus monosyllabes, la prononciation en ayant retranché d'a-
bord la voyelle finale, et, plus tard, encore la consonne finale.

---

[1] J'ai expliqué la formation des thèmes dans mon livre *Poëmes islandais*,
p. 372-405, et dans ma *Théorie de la quantité prosodique*.

En effet, ce qui vient à l'appui de cette hypothèse c'est que plusieurs dialectes de la Chine ont conservé des mots terminés par une consonne, laquelle, dans l'origine, était sans doute encore suivie d'une voyelle. Ainsi, par exemple, les mots qui, dans la langue mandarinique (kouan-hoa), se prononcent *cha, che, la,* etc. se prononcent, dans le dialecte de Canton, *chat, chet, lap,* etc. Or, si l'on considère, d'un côté, que les dialectes populaires ou patois conservent généralement, mieux que les langues littéraires et savantes, les formes primitives; et si, de l'autre, on se rappelle que la prononciation n'ajoute jamais de nouveaux éléments phoniques aux mots, mais qu'elle a, au contraire, la tendance de contracter leurs formes et d'en retrancher les terminaisons, on comprendra comment les mots chinois, originairement bissyllabiques, sont devenus peu à peu monosyllabes, comme cela s'est fait dans beaucoup de mots appartenant aux langues dérivées. C'est ainsi, par exemple, que le mot latin bissyllabique *catus* s'est changé d'abord en la forme romane monosyllabique de *chatz,* et, plus tard, en celle de *chat,* qui se prononce maintenant *cha,* sans faire entendre la consonne finale. La langue chinoise a donc probablement suivi, dans l'origine, les mêmes lois que les autres idiomes pour former ses thèmes; seulement elle n'a pas porté la formation des mots à un aussi haut degré de perfection grammaticale; elle n'a pas établi la différenciation des parties du discours, en marquant chacune d'elles par une forme grammaticale particulière. Ainsi, par exemple, le mot ou thème *chan* conserve la même forme, qu'il soit employé ou comme substantif signifiant *montagne* (saillant), ou comme adjectif signifiant *excellent* (saillant), ou comme verbe signifiant *surgir* (être saillant). Ces trois significations de *montagne,* d'*excellent* et de *surgir,* sont rattachées, toutes les trois, à une seule et même forme comme à un seul et même symbole.

Dans les langues où les mots n'ont pas de forme grammaticale distinctive, et où, par conséquent, la valeur logique des mots est indiquée uniquement par la position relative qu'ils occupent dans la phrase, la syntaxe est plus régulière que dans les idiomes qui distinguent les formes grammaticales, et elle se base sur un principe uniforme. En chinois, toutes les règles de la syntaxe peuvent être ramenées à ce seul principe, que tout mot qui suit le sujet est le complément de la proposition, et que tout mot qui précède le sujet en est un simple qualificatif. Si, par exemple, *jin* (homme) est le sujet, le thème *chan* (excellent), placé après lui, forme le complément de la proposition, en devenant attribut verbal; *jin-chan* (homme-excellent) signifie « l'homme est excellent, l'homme excelle. » Si, au contraire, *chan* précède *jin*, il est qualificatif ou adjectif du sujet, et *chan-jin* signifie « excellent homme. » Ces règles reposent sur le même principe que celui qui fait loi pour la formation des mots composés dans les langues synthétiques. D'après ce principe, le mot qui, dans la composition, est le mot déterminatif, précède toujours le mot déterminé, de sorte que le sens principal ou l'accent logique repose sur le dernier terme comme sur la partie essentielle de la composition, tandis que la voix glisse, en quelque sorte, légèrement sur le terme précédent, qui a seulement un sens déterminatif, et, par conséquent, n'est qu'une partie accessoire par rapport à l'idée principale. En sanscrit, on pourrait former, par exemple, le mot composé *Daiva-dâsa* (Dieu-serviteur), pour dire « serviteur de Dieu. » L'idée principale, dans cette composition, est le mot *dâsa* (serviteur), qui, comme partie principale, est placé à la fin, et reçoit, à cette place, l'accent logique, tandis que le mot *Daiva* (Dieu), qui exprime l'idée déterminative ou accessoire, est placé devant le mot dont il limite l'étendue logique. Renversons les termes de cette composition, et, au lieu de *Daiva-dâsa,* disons *dâsa-Daiva,* et aussitôt le sens de ce mot composé sera complétement changé; car, au lieu de signifier « serviteur de Dieu, » il signifiera « Dieu du serviteur. » Cette règle fondamentale de la composition se retrouve dans toutes les langues synthétiques. Dans la langue mexicaine, les mots composés sont excessivement nombreux, même ceux qui se composent de trois termes, comme, par exemple, *tlaca-zintiliz-tlatlacolli* (personne-commencement-péché), « le péché originel, péché du commencement des hommes. » La langue péruvienne est, il est vrai, plus analytique que le mexicain; cependant la règle de la composition y est toujours observée; exemple : *collqui-coya* (argentmine), « mine d'argent. » Les Tchippewéis disent *Missi-sipi* (grandeur-fleuve), pour dire « fleuve de grandeur, grand fleuve. » Les Algonquins désignent la lune par le mot composé *debicat-isis* (nuit-soleil), pour dire « soleil de la nuit. »

Comme, dans les mots composés, le premier terme détermine toujours le second, on se sert de la composition pour exprimer le rapport du génitif, que les langues analytiques expriment par la préposition *de*. Ainsi, en chinois, pour dire « empire du Milieu, » on place le mot *tchong* (milieu) devant le mot *koue* (empire). En sanscrit, on dirait également *nara-çardoulas* (homme-tigre), pour dire « tigre des hommes, roi des hommes, » et ainsi de même dans toutes les langues synthétiques.

A première vue, on pourrait être tenté de croire que cette manière d'exprimer le génitif existe aussi dans les langues sémitiques, malgré leur caractère essentiellement analytique. Mais un examen plus approfondi fait voir qu'il n'y a aucune analogie à établir entre ce qu'on appelle *l'état construit* dans les langues sémitiques, et les mots composés de deux termes dans les langues synthétiques. Il est vrai, en hébreu, par exemple, *èbèd-Iavèh* (serviteur de Jéhovah), en arabe *abdou-'l-Kadíri* (serviteur du Fort), présentent deux termes juxtaposés qui ressemblent, à première vue, aux deux termes d'un mot composé. Il y a plus : l'accent y repose également sur le second terme, ce qui est indiqué, en arabe, par le retranchement de la *nunnation* du premier terme, et, en hébreu, par les voyelles brèves, qu'on substitue aux voyelles longues du premier mot, afin d'indiquer ainsi symboliquement que la prononciation aura à glisser sur la forme plus légère du premier terme, pour aller s'appesantir sur la forme plus accentuée du second terme. Mais cet accent placé sur le second terme, est-ce bien l'accent *logique*, appuyant sur le mot afin d'en faire ressortir davantage l'importance logique? Ou bien est-ce seulement l'accent *tonique*, servant à indiquer la liaison des mots en établissant entre eux un rapport d'élévation et d'abaissement de voix? Ce qui produit, dans *l'état construit*, le changement de forme dans le premier terme, c'est l'accent *tonique*; car, si c'était l'accent *logique*, l'état construit formerait un mot composé, et, comme tel, aurait une signification diamétralement opposée à celle qu'il devrait avoir. En effet, dans les exemples cités, ce ne sont pas les termes *Iavèh* (Jéhovah), ou *Kadír* (Fort) qui expriment l'idée principale; les termes principaux sont *èbèd* et *abd* (serviteur); et, par conséquent, si ces deux termes formaient une composition exprimant l'idée de serviteur de Jéhovah, ou de serviteur du Fort, il faudrait dire *Iavèh-èbèd*, ou *Kadír-al-abd*, ce qui serait inouï dans les langues sémitiques. Il est donc évident qu'il n'y a aucune analogie à établir entre les deux termes réunis par l'état construit et les deux termes réunis par la composition synthétique.

Pour expliquer l'état construit, rappelons que les langues analytiques expriment par des prépositions ce que les langues synthétiques rendent par la composition. D'après cela, il est à présumer que les idiomes sémitiques, pour exprimer le génitif, se sont servis de la préposition *le,* signifiant *à,* et qu'on a dit originairement *abdu-le-Iavèh* (serviteur à Jéhovah) pour serviteur de Jéhovah, et *abdu-l-il-malki* (serviteur au roi) pour serviteur du roi. Ensuite, pour indiquer que le mot *abdun* (serviteur) n'est pas placé d'une manière absolue, mais qu'il est déterminé par le mot suivant, c'est-à-dire qu'il se trouve en relation et en liaison logique avec ce mot, on a placé l'accent tonique sur le second terme, ce qui a nécessité, en arabe, le retranchement de la *nunnation,* et, en hébreu, la substitution de voyelles brèves aux voyelles longues du premier terme. Plus tard, le *lamed* (1) de la préposition *le* et celui de l'article *hal* se sont phoniquement confondus en arabe, et il n'est resté dans la prononciation que le *lamed* de l'article. En hébreu, non-seulement le *lamed* de la préposition et celui de l'article se sont confondus l'un avec l'autre, mais tous deux se sont encore assimilés à la consonne du mot devant lequel ils se trouvaient placés, de sorte que l'un et l'autre ont disparu complétement de la prononciation. Par suite de cette disparition, le Sémite a peu à peu perdu le sentiment de la construction primitive, et il s'est habitué à la construction tronquée ou elliptique actuelle, nommée par les grammairiens *l'état construit.*

Ce qui prouve que nous avons raison d'envisager cette cons-

truction comme résultant d'une espèce de corruption de langage,
c'est qu'elle ne se présente, sous cette forme, dans aucune autre
langue ancienne; ce qui ne serait certainement pas le cas, si l'état
construit était une construction normale primitive, conforme aux
lois générales de la pensée et du langage.

Il est vrai qu'on remarque dans le vieux français une construction qui, à la première vue, semble avoir de l'analogie avec l'état
construit. Dans le vieux français, on ne plaçait pas encore la préposition *de* devant le génitif, et l'on disait, par exemple, *la mort
Seigneur Christ; la court le roi Artu;* et encore, dans le français
moderne, on dit *de par le roi* pour « de la part du roi. » Mais faisons
remarquer tout d'abord que cette construction, par cela même
qu'elle se présente dans le vieux français, c'est-à-dire dans une
langue de troisième ou de quatrième formation, ne saurait être
considérée comme un phénomène primitif du langage; ensuite
cette construction usitée en vieux français confirme l'explication
que nous avons donnée de l'état construit, car elle doit également
son origine à une espèce de corruption de langage. En effet,
elle s'est formée à la suite du retranchement des terminaisons
latines, et à une époque où le besoin de la clarté n'était pas
encore assez prononcé pour faire remplacer, par la préposition
de, ces terminaisons retranchées. C'est ainsi, par exemple, que
l'expression, en basse latinité, de *la morte Senioris Jesu Christi*
fut, par le retranchement des terminaisons, changée régulièrement en cette construction du vieux français : *la mort Sénior Jésu
Christ.*

Une locution française qui a beaucoup plus d'analogie avec l'état
construit est celle dont on se sert encore aujourd'hui en omettant
la préposition *de* ou *à* devant le génitif des noms propres, comme,
par exemple, *Hôtel-Dieu, imprimerie Didot, place Louis XV,* etc.
Cette manière de s'exprimer confirme pleinement l'explication
que nous avons donnée de l'origine de l'état construit; car elle
ne diffère de cette construction, propre aux langues sémitiques,
que par l'extension moindre qu'elle a prise en français et par sa
formation comparativement beaucoup plus récente. Bien que l'état
construit n'appartienne pas à l'âge primitif des idiomes sémitiques,

il s'y est cependant constitué à une époque très-ancienne ; car, comme il se trouve dans tous les idiomes de la famille sémitique, il a dû naître à une époque où ces idiomes ne s'étaient pas encore différenciés les uns des autres ; l'origine de cette construction a aussi dû précéder l'époque à laquelle s'est formée l'union des noms communs avec les suffixes possessifs, puisque cette union est faite à l'exemple de l'état construit. Il existe, en effet, le même rapport entre le substantif suivi de son suffixe pronominal qu'entre les deux termes qui constituent l'état construit. C'est assez dire que le substantif et son suffixe ne sont pas à considérer comme un mot composé ; car, nous le répétons, si c'était là un mot composé, le substantif, qui exprime l'idée principale, se trouverait placé *après* le suffixe exprimant l'idée déterminative, et, dans ce cas, pour dire, par exemple, *ton cheval*, au lieu de la forme régulière de *sous-ka* (cheval-toi), l'on dirait, en hébreu, *ka-sous* (toi-cheval), ce qui serait inouï.

Pour exprimer le rapport de possession, les langues synthétiques suivent exactement la règle des mots composés. En chinois, par exemple, on dit *oû-wang* (moi-roi, de moi-roi) pour « mon roi ; » *khi-tseu* (lui-fils) pour « son-fils. » En mexicain, la même composition a lieu, exemple : *no-cal* (moi-maison) pour « ma maison, » *amo-tlaxcal* (nous-pain) pour « notre pain. » En lénâpi, on dit *noch*, qui est contracté de *ne-och* (moi-père) pour « mon père. » Pour exprimer le rapport de possession de la troisième personne, on se sert d'une espèce de suffixe qui, à la première vue, semble avoir de l'analogie avec les suffixes possessifs des langues sémitiques. Ainsi, pour dire *son père*, les Tchippewéis disent *os-an*, et les Lénâpis *ochu-all*, comme les Hébreux disent *sous-ô* (son cheval). Mais cette exception à la règle générale de la composition me semble provenir de ce que les terminaisons *an* et *all* ne sont pas des suffixes pronominaux de la troisième personne, mais des pronoms relatifs signifiant « l'autre, » de sorte que *os-an, ochu-all*, signifient proprement « père-l'autre, » c'est-à-dire l'autre des pères, un autre que le père de moi et de toi présents. Ce qui vient à l'appui de cette explication, c'est que, en lénâpi, la même terminaison *all* sert aussi à former le pluriel ; exemple : *wikvam-all* (les maisons), proprement « maison-autre, » ou les maisons autres que ma maison et ta maison. Ces locutions remontent à l'époque où l'homme primitif ne parlait que des choses ou présentes ou lui appartenant. S'il parlait d'une maison, d'une rivière, il entendait parler de *sa* maison, de la rivière qui coulait *là* dans son pays. S'il voulait désigner la maison d'autrui ou les maisons des autres, il ajoutait au nom *maison* le mot *autre*, qui, dans sa pensée, signifiait les maisons autres que la sienne. L'homme primitif désignait les choses en prenant son point de départ de sa propre personne : aussi y a-t-il dans la langue des Lénâpis une seconde manière d'exprimer le possessif; elle consiste à énoncer l'objet possédé sans désignation du possesseur, s'il s'agit de la première personne, mais d'ajouter des particules de lieu, toutes les fois qu'il s'agit de la seconde et de la troisième personne. Ainsi, par exemple, pour dire *mon maître*, on dit tout simplement *le maître* (*nihillalid*), comme chez nous le valet, s'il parle *du* maître, entend parler de son maître *à lui*. Mais pour dire *ton* maître, *son* maître, on ajoute au nom de l'objet possédé certaines terminaisons, que nous croyons être des particules de lieu, indiquant l'éloignement existant entre la personne qui parle, et la personne à laquelle la possession est attribuée.

Dans la langue péruvienne, la forme possessive semble également ment présenter une analogie parfaite avec les suffixes possessifs des langues sémitiques; exemples :

Yaya-i (mon père), qui ressemble à l'état construit hébreu *ab-i* (mon père);
Yaya-iki (ton père), qui rappelle l'hébreu *ab-ka* (ton père);
Yaya-n (son père); comparez l'hébreu *ab-ó*, *ab-iv* (son père), etc.

Je crois cependant que cette ressemblance n'est qu'apparente, et que les terminaisons qu'on prend pour des suffixes personnels sont probablement des adjectifs possessifs, comme par exemple, en latin, *meus* (mien), *tuus* (tien), *suus* (sien). Du reste, ces terminaisons sont sans doute des formes tronquées dérivant de formes plus anciennes et plus complètes, qu'on trouve encore ajoutées aux substantifs se terminant en une diphthongue; exemples :

Punchau-nii (jour mien), mon jour.
Punchau-niiki (jour tien), ton jour.
Punchau-nin (jour sien), son jour, etc.

La terminaison *nii* est évidemment formée par dérivation du pronom personnel *ni* (moi), qu'on trouve, sous cette forme, à la première personne des verbes; ex. *caya-ni* (aimant moi), j'aime. Cette forme primitive *nii* s'est, dans la suite, changée en *i*, de la même manière que le pronom personnel hébreu *ani* (moi) s'est changé en *i*, par exemple, dans *ab-i* (mon père), pour *ab-ani*.

La différence que nous venons de signaler entre les langues analytiques et les langues synthétiques, par rapport à la composition des mots, se fait également remarquer par rapport à la place que les unes et les autres assignent à l'article et aux particules exprimant les cas. Ainsi les langues sémitiques, fidèles à l'esprit d'analyse qui prédomine en elles, placent l'article *hal* (*le* ou *la*) et les particules *be* (dans), *ke* (comme), *le* (à), *min* (de), etc. *devant* les noms qu'ils régissent. Les langues synthétiques, au contraire, toujours fidèles à la loi de la composition, les placent *derrière* les noms. Ainsi, tandis que les Sémites disent *hal-abdu* (*le* serviteur), les Mexicains, par exemple, placent leurs articles *tli*, ou *tl*, ou *li*, ou *in*, dérivés d'anciennes particules démonstratives, *après* le nom qu'ils régissent; ex. *tepozo-TLI* (*le* bossu); *pizo-TL* (*le* porc); *tlaxcal-LI* (*le* pain); *tótol-IN* (*la* poule). Cette composition est tout à fait conforme à la règle générale; car les particules démonstratives, et par suite les articles, avaient, dans les langues primitives, la signification concrète de *cette* chose, *cet* individu. *Tepozo-tli* signifiait donc originairement *cet individu de bossu*. Le mot *bossu* était le déterminatif de la particule démonstrative désignant l'individu, et a dû, par conséquent, être placé devant cette particule.

Dans les langues sémitiques, les particules précèdent le régime et sont *prépositives;* ex. *MIT-tachat* (du dessous); *BE-yad* (dans la main); *LE-nèfèsh* (à l'âme); *KE-yaum* (comme le jour), etc. En péruvien, au contraire, les particules sont *postpositives* et forment avec leur régime des déclinaisons ou cas, comme en sanscrit, en grec, en latin, etc. ex. nom. *runa* (l'homme); acc. *runa-CTA;* abl. *runa-MANTA;* génit. *runa-P;* locat. *runa-PI* (dans l'homme); comitatif *runa-HUAN* (avec l'homme); conjonctif *runa-MAN* (vers l'homme); propositif *runa-PAC* (pour l'homme). Il en est de même en mexicain et dans les langues de l'Amérique septentrionale.

Quant à la place assignée aux signes qui expriment le *pluriel*, on ne remarque pas de différence entre les langues analytiques et les langues synthétiques; les unes et les autres les placent *après* le nom. Ainsi, en chinois, toutes les fois que le nom n'est pas déjà collectif, indiquant la pluralité par sa signification, on le fait suivre, pour exprimer le pluriel, d'un thème substantif tel que *kiai*, ou *kiú*, ou *tou*, ou *hian*, qui signifient *ensemble*. D'après cela *jin-kiú* (homme-ensemble), le pluriel de *jin* (homme), signifie proprement l'ensemble des hommes, les hommes en général. Ce signe du pluriel étant un substantif, il doit, d'après la règle de la composition, être placé *après* le mot déterminatif. Les langues sémitiques ont suivi la même méthode pour exprimer le pluriel. Au singulier du nom, elles ajoutent une terminaison dont la forme primitive était sans doute *ammu*, qui, dérivée du thème *amam* (assembler), signifiait *foule*, *pluralité*. L'ancien substantif *ammu* s'est changé, dans la suite, en *ám*, *úm* et enfin en *ím*, lesquels sont devenus les terminaisons du pluriel masculin dans les langues sémitiques. D'après la règle de l'état construit, *úm* ou *ím*, ayant été, dans l'origine, un substantif, devrait être placé *devant* le nom, et, au lieu de dire *sous-ím* (les chevaux), on devrait dire *ím-sous* (l'ensemble des chevaux). Mais, cette désignation du pluriel s'étant formée à une époque où l'état construit ne s'était pas encore produit par corruption de langage, elle a pris et conservé l'ancienne forme de la composition telle qu'elle existait dans la période primitive des langues sémitiques.

Une seconde manière d'exprimer le pluriel, dans les langues sémitiques, consiste à donner, dans certains cas, au substantif la forme d'un nom abstrait collectif, en y ajoutant la terminaison féminine *at.* Ensuite, de cette terminaison *at* se sont formées, par le prolongement de la voyelle, les terminaisons *ât, ôt* du pluriel des mots féminins.

Dans les langues indo-germaniques, on a formé le pluriel en ajoutant au thème du singulier la terminaison *sasa* ou *asas,* qui était la réduplication du démonstratif *sa* (ce), et indiquait par ce redoublement la pluralité. Cette terminaison a pris dans la suite différentes formes plus ou moins détériorées dans les différents idiomes de cette grande famille de langues.

Les Mexicains expriment le pluriel de plusieurs manières. Le mode primitif, qui n'est plus usité aujourd'hui, paraît avoir été la répétition du mot tout entier. De ce mode dérivent sans doute les formes actuellement en usage pour désigner le pluriel. Ainsi, au lieu de répéter le mot tout entier, on se contente de répéter seulement la première syllabe et de prolonger la voyelle finale; ex. *cueya* (grenouille), plur. *cue-cueyâ* (grenouilles); *tici* (médecin), plur. *tí-tící* (médecins); *océlô* (tigre), plur. *ô-célô* (tigres). Dans d'autres mots on se borne à prolonger seulement la voyelle finale; ex. *Mexica* (Mexicain), plur. *Mexicâ* (Mexicains); *pixki* (gardien), plur. *pixkê* (gardiens). Enfin, à certains mots on ajoute les syllabes *mé* et *tin,* qui semblent avoir été originairement des pronoms démonstratifs mis au pluriel.

Les Lénâpis et les Tchippewéis, pour exprimer le pluriel, ajoutent au singulier la terminaison *ag* ou *ak,* s'il s'agit d'un être *animé,* et la terminaison *el* ou *en,* s'il s'agit d'un objet inanimé: ex. lénâpi, *tcholens* (oiseau), plur. *tcholens-ak* (oiseaux); tchippewéi, *iskodai* (feu), plur. *iskodai-n* (feux). Il est probable que ces terminaisons signifient proprement *l'autre,* et indiquent que l'on entend parler des objets *autres* que celui qui est présent ou qu'on possède soi-même. Cette explication s'applique sans doute aussi à la forme du pluriel telle qu'elle existe dans la langue péruvienne. Ainsi le pluriel de *punchau* (jour) est *punchau-cuna,* qui paraît signifier *jours autres* que ce jour d'aujourd'hui, c'est-à-dire les jours en général.

Jusqu'ici nous avons montré les analogies qui existent entre les langues analytiques et les langues synthétiques par rapport à la manière d'exprimer les relations dans lesquelles peut se trouver le *nom*, soit substantif, soit adjectif, soit pronom. Examinons maintenant les analogies que présentent ces langues par rapport au *verbe*.

Les phénomènes linguistiques si curieux qu'on remarque dans le verbe sont en grande partie inexplicables, si l'on ne s'est pas rendu compte de l'origine et de la nature primitive de cette partie du discours. Il n'est donc pas hors de propos de dire ici, en peu de mots, quelle est cette origine et quelle est cette nature.

Le verbe n'avait pas primitivement le caractère particulier qui le distingue aujourd'hui; et il ne pouvait pas l'avoir, par suite de la signification concrète des mots dans les langues primitives. En effet, ces mots n'exprimaient pas encore, comme aujourd'hui, une qualité *abstraite*, considérée en elle-même, en dehors de l'objet auquel on l'attribuait; mais ils avaient tous une signification concrète, c'est-à-dire que la qualité était toujours conçue comme inhérente à l'objet ou à la personne, de sorte que le nom de l'attribut impliquait toujours, soit l'objet, soit la personne auxquels on l'attribuait. Aussi n'y avait-il, dans l'origine, que des mots substantifs faisant aussi fonction d'adjectif et de verbe, qui l'un et l'autre ne s'étaient pas encore complétement distingués du substantif. Ainsi au lieu d'énoncer, comme on le fait aujourd'hui, un adjectif attributif, en disant, par exemple, *cet enfant est aimable*, on exprimait cette idée par deux substantifs, se superposant en quelque sorte l'un à l'autre, et l'on disait *cet enfant (est) un aimable*, comme on dit *cet homme est roi;* de sorte que *aimable* n'était pas encore un adjectif abstrait, comme il l'est aujourd'hui, mais c'était un substantif aussi bien que *enfant*. Aussi prenait-il comme lui les terminaisons du genre, du nombre et des cas; ce qui certes ne se serait pas fait, et n'aurait par aucune raison pu se faire, si le mot *aimable* avait déjà eu la signification abstraite de l'adjectif attributif; car, dans l'idée d'une qualité abstraite, il n'est pas possible de distinguer ni de désigner des différences de genre, de nombre et de déclinaison. Par la même raison et d'après le même principe, au lieu de dire *Paul aime*, on disait *Paul aimant*, ou *Paul amant*, ou *Paul amateur* (voyez p. 7); et, au lieu de dire *Paul aime cet enfant*, on disait *Paul de cet enfant amant*.

Plus tard, lorsque les mots eurent pris une signification plus abstraite, l'adjectif se constitua en se séparant du substantif, et en devenant simple déterminatif du sujet, exprimant d'une manière abstraite la qualité attribuée au substantif, comme, par exemple, dans *aimable enfant*. Il se forma, dès lors, deux espèces d'adjectifs : des adjectifs *déterminatifs,* ou proprement dits, désignant une *qualité* ou un état du sujet, et des adjectifs *déterminants,* ou participes exprimant une *action.* Les adjectifs déterminants étaient suivis d'un régime direct, et ce furent eux qui donnèrent naissance au verbe, lequel se constitua, dès lors, comme partie du discours indépendante du substantif et de l'adjectif. Le caractère distinctif, que possède le verbe actuellement, diffère donc beaucoup de celui qu'il avait dans l'origine. Mais au changement progressif qui s'est opéré dans la manière de concevoir le verbe, se distinguant de plus en plus du substantif et de l'adjectif, ne correspondait pas toujours un changement parallèle dans la forme grammaticale. L'esprit ou l'idée a progressé, mais la forme est souvent restée stationnaire. C'est que nous retrouvons, dans l'histoire des langues, le phénomène qui se présente si souvent dans l'histoire de l'esprit humain en général, savoir, que l'idée se perfectionne, tandis que la forme, au lieu de changer avec elle, reste immuable et se pétrifie pour ainsi dire. Mais, de même que ces formes surannées nous révèlent l'esprit des temps passés, de même les formes devenues immobiles du langage nous font connaître le sens qu'on y attachait anciennement. Or, en examinant les formes du verbe dans les différentes familles de langues, nous trouvons confirmé, par l'analyse ou par le fait, ce que nous venons de dire *a priori* de l'origine et de la nature primitive de cette partie du discours. En effet, ce qui prouve que le verbe avait, dans l'origine, tous les caractères du substantif, c'est que les langues les plus anciennes, y compris même les langues *sémitiques,* placent les pronoms personnels *après* le thème verbal; ce qui, certes, n'aurait pas lieu si, à ce thème, on n'avait pas attaché, dans l'origine, le sens concret d'un substantif servant de déterminatif au pronom personnel auquel il a été réuni d'après la règle générale de la composition (voyez R. 70). Car, autrement, si ce thème verbal avait déjà eu, à cette époque, la signification ou la nature du verbe désignant l'idée abstraite d'une *action*, et non pas seulement la notion concrète de l'*acteur*, les pronoms auraient dû naturellement être placés *devant* le verbe, comme cela se voit effectivement dans les langues analytiques modernes.

Comme même les langues sémitiques suivaient, dans l'origine et avant l'établissement de l'*état construit*, la règle générale de la composition (voy. p. 14), les formes verbales telles que, par exemple, en hébreu, *ketab-tèm* (écrivants-vous), « vous écriviez, » et *katab-nou* (écrivants-nous), « nous écrivions, » étaient originairement des mots composés d'un thème substantif verbal joint au pronom personnel d'après la règle de la composition. Il en est de même dans la langue péruvienne; exemples :

Cuya-ni (aimant-moi), j'aime.
Cuya-nki (aimant-toi), tu aimes.
Cuya-n (aimant-lui), il aime.
Cuya-nchic (aimants-nous), nous aimons.
Cuya-nkichic (aimants-vous), vous aimez.
Cuya-n (aimants-eux), ils aiment.

Les verbes mexicains ont encore tellement le caractère propre aux participes, qu'ils se *déclinent* plutôt qu'ils ne se conjuguent; seulement, comme à une certaine époque la signification de ces participes est devenue plus abstraite, exprimant plutôt l'action que l'acteur, on a dû placer les pronoms de la première et de la deuxième personne *devant* ces participes, comme cela se fait dans les verbes analytiques modernes; exemples :

Ni mictia (moi tuant), je tue.
Ti mictia (toi tuant), tu tues.
Mictia (tuant), il tue.
Ti mictiá (nous tuants), nous tuons.
An mictiá (vous tuants), vous tuez.
Mictiá (tuants), ils tuent.

Il en est exactement de même dans les langues de l'Amérique

eptentrionale. Ainsi, par exemple, en tchippewéi, il n'y a pás
le verbe à proprement parler; il n'y a que des participes actifs;
exemples :

Ni nondom (moi écoutant), j'écoute.
Ki nondom (toi écoutant).
   Nomdom (écoutant).
Niluna nondomog (nous écoutants).
Kiluna nondomog (vous écoutants).
   Nondomog (écoutants).

Quant aux langues indo-germaniques, il est inutile de faire
remarquer que, par exemple en sanscrit, la forme *tuda-tha* (vous
frappez) est parfaitement analogue à la forme hébraïque de *ketab-
tèm* (vous écrivez), et que le thème *tuda* avait dans l'origine la signification concrète de *frappant*. Mais arrêtons-nous un instant aux
langues slaves, dans lesquelles nous remarquons un phénomène
intéressant qui montre comment les anciennes formes des participes
actifs tiennent lieu de formes verbales. Dans cette famille de langues,
les temps prétérits, et ce qu'on appelle le futur *composite* ou *cir-
conscrit*, ne sont autre chose, quoi qu'en disent les grammairiens,
que des noms adjectifs ou des participes auxquels se trouvent
ajoutés des pronoms de la première et de la seconde personne.
Nous ne citerons ici comme exemple que le prétérit imparfait
des verbes *polonais*. Tout ce que nous en dirons s'appliquera
également aux autres temps qui en dérivent dans les différentes
langues slaves. En polonais, le prétérit imparfait de *pisa-tch*
(écrire) est *pisa-ʳl* (il écrivait). Or *pisa-ʳl* est évidemment un
nom ou un participe, et ce qui le prouve c'est d'abord la terminaison *ʳl*, ensuite le genre masculin, féminin et neutre que
prend le mot *pisa-ʳl;* enfin le pluriel qu'il forme régulièrement
en *i* au masculin, et en *ë* au féminin ou au neutre. La terminaison *ʳl*, qu'on retrouve dans d'autres substantifs et adjectifs slaves,
se conserve dans les trois personnes au singulier et au pluriel;
exemples :

Pisa-ʳl (écrivant), il écrivait; *Pisa-ʳla* (écrivante), elle écrivait.

Pisa-ᵣle-sch (écrivant toi); *Pisa-ᵣla-sch* (écrivante toi).
Pisa-ᵣle-m (écrivant moi); *Pisa-ᵣla-m* (écrivante moi).
Pisa-ᵣli (écrivants); *Pisa-ᵣlë* (elles écrivantes).
Pisa-ᵣli-schzie (écrivants vous); *Pisa-ᵣlë-schzie* (écrivantes vous).
Pisa-ᵣli-schmë (écrivants nous); *Pisa-ᵣlë-schmë* (écrivantes nous).

Remarquons encore qu'à la troisième personne du singulier et du pluriel ce participe n'est pas suivi du pronom personnel, exactement comme dans les langues sémitiques; on dit, par exemple, en hébreu *katab* (écrivant), pour dire il écrivait, et *katabou* (pour *kataboum*, écrivants) pour ils écrivaient. Dans la langue mexicaine on dit également *mictia* (tuant) pour *il* tue, et *mictiá* (tuants) pour *ils* tuent; et dans la langue tchippewéi *nondom* (écoutant) et *nondomog* (écoutants) équivalent à *il* tue et *ils* tuent.

Nous pourrions nous borner à ce que nous venons de dire ici pour prouver que, dans l'origine, le substantif et le participe remplissaient les fonctions du verbe; mais il nous en reste une dernière preuve que nous ne devons pas passer sous silence.

Cette preuve résulte de ce que, dans les langues les plus anciennes, le régime direct, au lieu de *suivre* le verbe, comme cela devrait se faire d'après l'idée du verbe exprimant l'action d'une manière abstraite, le *précède* au contraire; ce qui indique que le thème, qu'on prend aujourd'hui pour un verbe, était originairement un substantif, ou un participe formant avec le régime direct un mot composé exprimant le rapport du nominatif au génitif. Si donc, en chinois, par exemple, nous trouvons une proposition comme la suivante, *moi pain manger* équivalant à *je mange du pain*, il est évident, vu le régime *pain* précédant le mot *manger*, que ce thème *manger*, qu'on considère maintenant comme un *verbe*, était dans l'origine un substantif, de sorte que la proposition revenait proprement à celle-ci, *moi de pain-mangeur*, en grec *egô-arto-phagos*. Dans la langue mexicaine, ce que nous appelons régime direct est toujours placé *devant* le substantif verbal. Ainsi, par exemple, pour dire *je mange de la viande*, on se sert de la locution suivante, *moi-viande-mangeur;* ou bien on met le pronom, tenant lieu du nom placé au régime direct, devant le substantif verbal qu'on fait suivre de ce régime direct. Ainsi, pour dire *je tue la poule,* on dit *moi d'elle le tueur de cette poule;* et de même qu'on dit *no-tlaxcal* (de moi le pain) « mon pain, » on dit aussi *ni-no-mictia* (moi de moi le tueur), « je me tue; » *ti-to-mictiá* (nous nos tueurs), « nous nous tuons. » Ajoutons que comme le verbe était remplacé, dans l'origine, par le substantif ou le participe, tout substantif et tout adjectif pouvait être employé en guise de verbe. Ainsi, dans la langue des Tchippewéis on dit *ni-addik* (moi chef) pour « je règne, » comme on dit *ni-nondum* (moi écoutant), « j'écoute. » Les Mexicains disent *niqualli* (moi bon) « je suis bon, » comme ils disent *ni nemi* (moi vivant) pour « je suis vivant, je vis. »

On objectera peut-être que les exemples que nous venons de citer pour prouver notre thèse renferment des propositions elliptiques, dans lesquelles le verbe substantif *être* a été retranché, et l'on dira que, tout en admettant que les autres verbes aient été remplacés, dans l'origine, par des substantifs ou des participes, on devra au moins admettre que le verbe substantif *être* a existé dès le commencement dans les langues primitives. Mais à cette objection nous répondrons catégoriquement que, dans les exemples cités, le verbe substantif n'a pas pu être retranché, par la raison qu'il n'existait pas, et ne pouvait pas exister dans les langues primitives. En effet, nous l'avons déjà dit (voir p. 16), dans les langues primitives, les mots avaient tous une signification *concrète,* et exprimaient, par conséquent, l'agent au lieu de l'action, et la qualité active avant d'exprimer une qualité passive ou un état. Le verbe substantif *être,* ayant une signification à la fois abstraite et passive, ne pouvait donc pas exister dans la période primitive. Ensuite ce verbe n'existait pas dans les langues primitives puisqu'il y eût été superflu et inutile, car les mots de ces langues, ayant toujours une signification concrète, impliquaient tous dans leur signification l'idée d'existence; et c'est pourquoi le verbe *être,* renfermé logiquement dans le sujet et dans l'attribut, n'était pas grammaticalement indispensable dans la proposition. Ajoutons que le verbe substantif n'existe encore ni dans les langues de la Chine, ni dans la plupart des langues de l'Amérique, de l'Afrique et de la Polynésie. Il y est remplacé, soit par le pronom personnel, soit par le verbe concret et actif *faire*. Ainsi, en chinois, pour dire *c'est un lettré*, on dit *lui un lettré* ou *lui fait (wei) le lettré*. Dans les langues indo-germaniques et sémitiques le verbe substantif, tel qu'il s'y est formé, n'y est pas non plus un verbe *primitif*, mais seulement un verbe de seconde ou de troisième formation. La preuve résulte de ce qu'il est dérivé de thèmes qui, dans l'origine, avaient une signification à la fois concrète et active. Ainsi, dans les langues indo-germaniques, le verbe *être* dérive, soit d'un thème primitif *BaVa* (grec *phu*; latin *fu*) qui signifiait *agiter, souffler, vivre*, soit du thème *ASA* (grec *es-ti*, latin *es-t*, all. *is-t*), qui, dérivant du pronom démonstratif *SA* (ce, là), signifiait originairement *se montrer là*. Le verbe substantif péruvien *ca-ni* (je suis) dérive sans doute de *ca*, qui était une particule démonstrative, soit d'objet, soit de lieu. Enfin, dans les langues sémitiques, les verbes substantifs sont *hayah* et *kâna;* le premier signifiait primitivement *souffler, vivre*; le second, *être debout*, d'où s'est formée ensuite la signification abstraite d'*être*, de la même manière qu'en français le verbe *être* dérive du verbe latin, originairement actif, *stare* (se tenir debout, exister).

Nous avons examiné les caractères distinctifs que présentent, dans les différentes familles de langues, les deux parties principales du discours, le nom et le verbe. Nous avons remarqué entre ces familles de grandes analogies, qui prouvent que, malgré les différences originelles qui les séparent, il y a cependant unité de système dans les lois qui ont présidé à la composition grammaticale et syntactique de ces divers idiomes. C'est que le langage, comme la nature en général, présente l'unité dans la variété ; il emploie des moyens différents pour produire les mêmes résultats. Ces moyens, bien que différents les uns des autres, sont tous conformes à la raison ; et c'est à la grammaire philosophique à reconnaître et à apprécier de plus en plus cette conformité, ainsi que l'unité de plan se manifestant dans la variété des formes.

Imprimerie impériale. — 1864.